LA GRAN PIRÁMIDE DE GUIZA

(secretos e historia de la Pirámide de Keops)

William Romani

CONTENTS

LA GRAN PIRÁMIDE DE GUIZA

(secretos e historia de la Pirámide de Keops)

William Romani

ETERNIDAD ERGUIDA: LA GRAN PIRÁMIDE DE GUIZA A TRAVÉS DE LOS SIGLOS

En las vastas llanuras de Egipto, erguida majestuosamente contra el horizonte, la Gran Pirámide de Guiza se alza como un testamento perdurable a la ingeniería, la espiritualidad y la creatividad humana. Eternidad Erguida es una inmersión profunda en los misterios y maravillas que rodean este monumento legendario, desentrañando sus secretos a través de los siglos y explorando la riqueza de su impacto en la historia, la arquitectura y la cultura.

Descubre el Misterio Ancestral:

Sumérgete en el misterio ancestral de la Gran Pirámide, explorando su construcción, desde la precisión geométrica que desafía la lógica hasta las técnicas innovadoras que desconciertan a los arqueólogos modernos. Desde sus imponentes dimensiones hasta la alineación astronómica que conecta el antiguo Egipto con el cosmos, este libro te invita a descubrir cada rincón de este monumento icónico.

Viaje a Través de los Siglos:

Acompáñanos en un viaje fascinante a lo largo de los siglos, desde los relatos medievales que se referían a la pirámide como Danças dos Gigantes hasta las investigaciones arqueológicas modernas que continúan revelando nuevos misterios. Explora cómo la Gran Pirámide ha evolucionado de ser un misterio local a convertirse en un faro global de asombro y admiración.

Conexiones Culturales y Espirituales:

Adéntrate en la rica herencia cultural y espiritual que emana de la Gran Pirámide. Desde su función original como un monumento funerario hasta su influencia en la arquitectura religiosa y su simbolismo como puente entre lo terrenal y lo divino, descubre cómo esta estructura ha tejido su impacto en las creencias y prácticas a lo largo de la historia.

Influencia en la Arquitectura Moderna:

Explora cómo la Gran Pirámide ha dejado su huella en la arquitectura moderna, inspirando diseños contemporáneos en todo el mundo. Desde la pirámide de vidrio del Louvre hasta rascacielos que buscan emular su grandeza, este libro destaca la influencia duradera de esta maravilla antigua en la creatividad arquitectónica actual.

Un Legado Perdurable:

A través de sus misterios y enigmas, la Gran Pirámide

de Guiza se revela como un legado perdurable que desafía el paso del tiempo. En cada página de Eternidad Erguida, invitamos al lector a explorar los recovecos de esta estructura monumental, desentrañando sus secretos y conectándose con una historia que se extiende mucho más allá de las páginas de un libro.

Prepárate para un viaje fascinante a través de la historia, la ciencia y la cultura mientras nos sumergimos en el asombroso mundo de la Gran Pirámide de Guiza, donde el misterio y la grandeza convergen en una expresión eterna de la creatividad humana.

LA GRAN PIRÁMIDE DE GUIZA: UN ICONO PERPETUO EN LA HISTORIA MODERNA

La Gran Pirámide de Guiza, una maravilla arquitectónica que ha resistido el paso de los milenios, se alza majestuosamente en el horizonte, sirviendo como testamento perdurable a la habilidad y la ingeniería avanzada de la antigua civilización egipcia. Sin embargo, la importancia de la Gran Pirámide no se limita a su contexto histórico original; su presencia ha influido profundamente en la historia moderna de manera sorprendente y multifacética.

Un Atractivo Turístico Global

Desde el siglo XIX hasta la actualidad, la Gran Pirámide de Guiza ha sido uno de los destinos turísticos más icónicos y visitados del mundo. A lo largo de los años, millones de viajeros de todas las nacionalidades han sido atraídos por su imponente presencia y su misterioso aura. La pirámide se ha convertido en un símbolo reconocido internacionalmente de la antigüedad egipcia, atrayendo no solo a arqueólogos y historiadores, sino también a amantes de la historia y curiosos de todo el globo.

Contribución a la Identidad Egipcia Moderna

La Gran Pirámide desempeña un papel vital en la identidad moderna de Egipto. No solo es un monumento antiguo, sino que también se ha integrado de manera intrínseca en la cultura y la imagen de la nación. La pirámide figura en la bandera de Egipto, simbolizando la conexión entre la grandeza del pasado y la identidad contemporánea del país. Esta conexión emocional se refleja en la forma en que los egipcios modernos veneran y protegen este patrimonio invaluable.

Desafío a las Teorías y Tecnologías Modernas

A lo largo de los siglos XIX y XX, la Gran Pirámide de Guiza desafió las teorías y tecnologías modernas, estimulando la curiosidad de científicos y académicos de diversas disciplinas. Desde las primeras mediciones de John Perring en el siglo XIX hasta la aplicación de tecnologías de imágenes satelitales en la actualidad, la pirámide ha sido un campo de estudio en constante evolución.

La precisión de la alineación de las piedras, la complejidad de la estructura interna y la magnitud de la construcción han llevado a debates e investigaciones que han forjado nuevos métodos y tecnologías en arqueología y geología. La Gran Pirámide continúa desafiando nuestras comprensiones actuales y sirve como fuente constante de inspiración para innovaciones en el campo de la investigación arqueológica.

Inspiración Artística y Literaria

A lo largo de los años, la Gran Pirámide de Guiza ha inspirado numerosas obras de arte y literatura. Desde pinturas y esculturas hasta novelas y poemas, artistas y escritores de todo el mundo han buscado capturar la majestuosidad y el misterio de este monumento único.

En la literatura, la pirámide ha sido el telón de fondo de innumerables historias de aventuras y misterio, agregando un elemento de intriga a la narrativa. Artistas visuales han plasmado su forma imponente y su presencia en el desierto en lienzos, esculturas y fotografías, transmitiendo la magnitud y la enigmática belleza de la pirámide a audiencias globales.

Desarrollos Tecnológicos en la Arqueología

La Gran Pirámide también ha sido un campo de pruebas para el desarrollo de tecnologías arqueológicas avanzadas. La aplicación de métodos no invasivos, como la termografía infrarroja y la escaneo láser 3D, ha permitido a los arqueólogos explorar la estructura interna de la pirámide sin dañar su integridad. Estas innovaciones tecnológicas no solo han arrojado luz sobre los misterios de la Gran Pirámide, sino que también han establecido nuevos estándares para la investigación arqueológica en todo el mundo.

Patrimonio Mundial y Conservación

En 1979, la Gran Pirámide de Guiza fue designada como Patrimonio Mundial de la UNESCO, subrayando su importancia no solo para Egipto, sino para toda la humanidad. Esta designación ha llevado a un renovado enfoque en la conservación y preservación del sitio. Proyectos de restauración, monitoreo de condiciones ambientales y esfuerzos para limitar el impacto del turismo han sido iniciados para garantizar que la pirámide permanezca intacta para las generaciones futuras.

Un Legado Perpetuo

La Gran Pirámide de Guiza no es simplemente un vestigio del pasado; es un testamento a la capacidad humana de crear, descubrir y aprender. Su impacto en la historia moderna va más allá de su función original y continúa desafiando y asombrando al mundo. Desde su papel como atracción turística global hasta su influencia en el desarrollo tecnológico, la Gran Pirámide es un legado perpetuo que sigue inspirando a generaciones y conectando el pasado con el presente de maneras extraordinarias. Su historia sigue siendo un relato fascinante de la persistencia humana en la búsqueda del conocimiento y la comprensión de nuestro propio legado.

EL DESCUBRIMIENTO DE LA GRAN PIRÁMIDE DE GUIZA: UNA ODISEA A TRAVÉS DE LOS TIEMPOS

La Gran Pirámide de Guiza, majestuosa en su presencia y enigmática en su construcción, ha sido objeto de fascinación desde tiempos inmemoriales. Su descubrimiento no fue un evento singular, sino más bien una odisea a través de los siglos que involucró a visionarios, exploradores y arqueólogos de diversas épocas. Esta narrativa de descubrimiento es tan rica como la propia historia de la pirámide, y nos lleva desde las primeras menciones en textos medievales hasta las sofisticadas tecnologías de exploración de la actualidad.

Menciones Medievales: La Danza de los Gigantes

Los primeros atisbos del conocimiento de la existencia de la Gran Pirámide se encuentran en textos medievales que datan del siglo XII. Sin embargo, la información no se presentaba como una revelación arqueológica, sino más bien como parte de la mitología y las leyendas locales. Se referían al sitio como Danças dos Gigantes o La Danza de los Gigantes, sugiriendo una conexión mitológica entre las imponentes piedras y seres colosales en la imaginación de la población local.

Estas menciones medievales, aunque envueltas en misterio y mito, sirvieron como el punto de partida para futuras exploraciones y el despertar del interés en el enigma que yacía en el desierto egipcio.

John Aubrey y la Observación del Siglo XVII

Fue en el siglo XVII cuando el anticuario John Aubrey realizó una de las primeras observaciones detalladas de la Gran Pirámide. En 1666, Aubrey documentó meticulosamente las piedras y los montículos circundantes, dando a conocer al mundo occidental la magnificencia de este monumento antiguo.

Aubrey destacó la disposición circular de las piedras y sugirió posibles conexiones astronómicas. Su observación marcó un hito en el entendimiento de la pirámide y sentó las bases para futuras investigaciones y exploraciones en la zona.

William Stukeley: Pionero de la Investigación Arqueológica

El siglo XVIII vio el surgimiento del Dr. William Stukeley, un arqueólogo y antiquario, como una figura central en la investigación de Stonehenge y, posteriormente, de la Gran Pirámide de Guiza. Stukeley no solo continuó la tradición de la observación detallada, sino que llevó a cabo extensas investigaciones que contribuyeron significativamente al entendimiento del monumento egipcio.

Sus obras, como Stonehenge: A Temple Restor'd to the British Druids (Stonehenge: Un Templo Restaurado a los Druidas Británicos), no solo se centraron en Stonehenge, sino que también exploraron conexiones entre los monumentos de diferentes partes del mundo. Este enfoque comparativo abrió nuevas perspectivas sobre la antigüedad y la conexión global de estas estructuras monumentales.

Charles Darwin y las Teorías sobre el Hielo en el Siglo XIX

El siglo XIX trajo consigo una mirada científica hacia la antigüedad, y la Gran Pirámide no escapó a la atención de científicos notables de la época. Charles Darwin, conocido por su teoría de la evolución, también se interesó en la disposición de las piedras de la pirámide. Propuso teorías sobre la acción glacial como explicación para la colocación de las piedras, un enfoque que, aunque finalmente descartado, subraya la diversidad de perspectivas que ha generado este monumento.

Excavaciones y Restauraciones en el Siglo XX

El siglo XX marcó un período de intensa actividad arqueológica en la Gran Pirámide de Guiza. En la década de 1920, el arqueólogo William Hawley llevó a cabo excavaciones que revelaron entierros y artefactos significativos. Estas excavaciones proporcionaron una visión más profunda de la historia y la función de la pirámide.

Sin embargo, el mismo siglo también vio intervenciones controvertidas, como la restauración de piedras caídas en la década de 1950. Aunque se realizó con la intención de preservar el sitio, generó críticas sobre la autenticidad del entorno y la necesidad de equilibrar la conservación con la preservación del carácter original del monumento.

Tecnología Moderna y Descubrimientos Recientes

En las últimas décadas, avances tecnológicos como la datación por radiocarbono y la prospección geofísica han revolucionado la forma en que comprendemos la Gran Pirámide de Guiza. Estas técnicas no invasivas han permitido a los arqueólogos explorar la estructura interna de la pirámide sin dañar sus características originales.

La datación por radiocarbono ha proporcionado nuevas perspectivas sobre la cronología de construcción, mientras que la prospección geofísica ha revelado detalles sobre la disposición subterránea de la pirámide y su relación con áreas circundantes. Estos descubrimientos han redefinido nuestra comprensión de la historia de la pirámide y han despejado dudas persistentes sobre su propósito y origen.

Siglo XXI: Turismo y Descubrimientos Continuos

Hoy en día, la Gran Pirámide de Guiza continúa siendo un imán turístico y un foco constante de investigación arqueológica. La pirámide ha pasado de ser un enigma local a un patrimonio mundial y un símbolo icónico de la antigüedad. La investigación arqueológica sigue avanzando, y cada nueva tecnología aplicada ofrece una visión más clara de la historia y la función de este monumento milenario.

El descubrimiento y la exploración de la Gran Pirámide de Guiza han sido una odisea a través de los siglos, desde menciones místicas hasta investigaciones arqueológicas modernas. A medida que continuamos desentrañando sus secretos, la pirámide sigue siendo un testamento perdurable a la habilidad humana y a la inagotable curiosidad que nos impulsa a explorar nuestro pasado. Su historia, marcada por la perseverancia y la innovación, es un recordatorio constante de que, incluso después de milenios, seguimos descubriendo capítulos inexplorados en la narrativa de la Gran Pirámide de Guiza.

LAS TEORÍAS UFOLÓGICAS Y PARANORMALES DE LA GRAN PIRÁMIDE DE GUIZA: ENTRE EL MISTERIO Y LA ESPECULACIÓN

La Gran Pirámide de Guiza, una maravilla del mundo antiguo, ha sido objeto de especulaciones y teorías alternativas que van más allá de las explicaciones arqueológicas convencionales. Entre estas teorías, las ufológicas y paranormales han capturado la imaginación de muchos, ofreciendo narrativas intrigantes que buscan explicar los misterios que rodean a esta monumental estructura. A medida que exploramos estas teorías, es crucial recordar que la arqueología y la ciencia convencional no respaldan estas perspectivas, pero su persistencia en la cultura popular demuestra la profundidad de la fascinación que la Gran Pirámide sigue generando.

Ufológicas: Conexiones Extraterrestres y Tecnología Avanzada

Una de las teorías más intrigantes es la que sugiere que la construcción de la Gran Pirámide no fue obra de los antiguos egipcios, sino más bien el resultado de intervención extraterrestre. Los defensores de esta teoría argumentan que la precisión matemática en la alineación de las piedras y la complejidad de la estructura son demasiado avanzadas para la tecnología disponible en la antigüedad.

Según esta perspectiva, los constructores de la pirámide habrían recibido asistencia tecnológica o incluso directrices arquitectónicas de seres extraterrestres. Las alineaciones precisas con constelaciones y la supuesta geometría sagrada incorporada en la construcción se interpretan como señales de una inteligencia superior que influyó en el diseño de la pirámide.

Paranormales: Energías, Leyendas y Experiencias Anómalas

Otra vertiente de las teorías alternativas sugiere que la Gran Pirámide de Guiza es un punto focal de energías paranormales o espirituales. Se cree que la pirámide actúa como un conducto de energía cósmica, canalizando fuerzas místicas y proporcionando una conexión entre dimensiones. Algunas teorías afirman que las cámaras internas de la pirámide tienen propiedades especiales que permiten experiencias espirituales o incluso viajes interdimensionales.

Las leyendas locales y las historias de visitantes han contribuido a esta perspectiva paranormal. Relatos de luces inusuales, sombras misteriosas y sensaciones intensas dentro de la pirámide han alimentado la creencia en la presencia de fuerzas sobrenaturales. Algunas personas han informado experiencias transformadoras después de visitar la pirámide, atribuyéndolas a una conexión directa con el más allá.

Visiones Alternativas: Portales y Propósitos Cósmicos

Una variante de las teorías paranormales postula que la Gran Pirámide sirve como un portal cósmico o una puerta a otras dimensiones. Según esta perspectiva, la disposición precisa de las piedras y las cámaras internas tendrían un propósito cósmico específico, como facilitar la comunicación con seres de otras esferas o permitir el acceso a conocimientos cósmicos avanzados.

Esta teoría a menudo se basa en interpretaciones simbólicas y esotéricas de la geometría y la arquitectura de la pirámide. Se argumenta que las proporciones y alineaciones específicas tienen un significado cósmico más allá de la comprensión humana convencional y que la pirámide actúa como una herramienta para desvelar estos misterios cósmicos.

Críticas y Desafíos a las Teorías Alternativas

A pesar de la popularidad de las teorías ufológicas y paranormales sobre la Gran Pirámide, es fundamental señalar que la comunidad científica y arqueológica las considera especulativas y carecientes de evidencia sustancial. Los métodos científicos y las pruebas arqueológicas respaldan la idea de que la pirámide fue construida por los antiguos egipcios, utilizando técnicas y conocimientos avanzados para la época.

La falta de pruebas tangibles y la interpretación selectiva de datos a menudo son citadas como debilidades en las teorías alternativas. Además, muchas de estas interpretaciones se basan en malentendidos o tergiversaciones de la arqueología y la historia egipcia.

Entre la Maravilla y el Misterio

La persistencia de las teorías ufológicas y paranormales en torno a la Gran Pirámide de Guiza refleja la naturaleza humana de buscar explicaciones fascinantes y extraordinarias para los enigmas del pasado. Aunque estas teorías a menudo carecen de base científica sólida, su influencia en la cultura popular y la imaginación colectiva es innegable.

La Gran Pirámide, con sus proporciones imponentes y su legado perdurable, sigue siendo un foco de maravilla y misterio. Mientras la ciencia continúa desentrañando sus secretos a través de métodos rigurosos, las teorías ufológicas y paranormales seguirán siendo parte del rico tapiz de interpretaciones que envuelve a este monumento icónico. En última instancia, la Gran Pirámide de Guiza permanece como un faro de la antigüedad, desafiando a las generaciones presentes y futuras a explorar su historia y a contemplar los misterios que aún aguardan entre sus

WILLIAM ROMANI

piedras milenarias.

HISTORIA Y CONSTRUCCIÓN DE LA GRAN PIRÁMIDE DE GUIZA: UN MONUMENTO IMPERECEDERO

La Gran Pirámide de Guiza, la más imponente de las estructuras del antiguo Egipto, se alza majestuosamente en la meseta de Guiza, testigo silencioso del paso de los milenios. Su historia y construcción, envueltas en el manto del tiempo, revelan no solo los logros arquitectónicos de la antigüedad, sino también los misterios que continúan desafiando la comprensión moderna. A lo largo de los siglos, la Gran Pirámide ha sido un faro de la habilidad y la ingeniería de la civilización egipcia, y su historia es un fascinante relato que abarca desde su concepción hasta su perdurable legado.

Orígenes en el Antiguo Egipto

La historia de la Gran Pirámide de Guiza se remonta al reinado del faraón Khufu (también conocido como Keops), de la Cuarta Dinastía del antiguo Egipto, alrededor del año 2580 a.C. Fue construida como un monumento funerario para el faraón, destinado a servir como su tumba eterna y a preservar su legado en el más allá.

El proceso de construcción fue monumental en sí mismo, con miles de trabajadores, ingenieros y artesanos contribuyendo a erigir esta estructura colosal. La planificación y la ejecución de un proyecto de tal envergadura requirieron una organización social sofisticada y un profundo conocimiento en ingeniería y arquitectura.

Diseño y Arquitectura Innovadores

La Gran Pirámide destaca por su diseño arquitectónico innovador. La estructura original se compone de aproximadamente 2.3 millones de bloques de piedra caliza y granito, cada uno cuidadosamente tallado y colocado para formar las imponentes capas que la conforman. La precisión de las mediciones y la alineación con los puntos cardinales son notables, destacando la destreza técnica de los constructores antiguos.

La pirámide tiene una base cuadrada con lados de aproximadamente 230 metros y una altura original de alrededor de 146 metros, aunque hoy en día es ligeramente más baja debido a la pérdida de la capa externa de piedra caliza. La estructura cuenta con tres cámaras internas: la Cámara del Rey, la Cámara de la Reina y la Cámara Subterránea, cada una con su propio propósito y significado simbólico.

Métodos de Construcción y Transporte

Uno de los misterios más intrigantes de la Gran Pirámide reside en los métodos de construcción utilizados. Aunque la evidencia sugiere el uso de cuñas de madera, palancas y rampas, la precisión de la colocación de los bloques sigue siendo objeto de debate. Algunas teorías proponen la construcción de rampas externas o internas que se movían a medida que la pirámide crecía en altura. Sin embargo, el cómo se llevaron a cabo estos procedimientos específicos sigue siendo un enigma sin resolver completamente.

El transporte de los bloques de piedra desde las canteras hasta la ubicación de la pirámide también ha sido objeto de especulación. Se cree que se utilizaron trineos, rodillos y posiblemente sistemas de agua para facilitar el desplazamiento de los bloques a lo largo de la llanura de Guiza. Estos métodos, aunque aparentemente simples, requerían una planificación cuidadosa y la coordinación de grandes equipos de trabajadores.

Significado y Simbolismo

La Gran Pirámide de Guiza fue concebida no solo como una tumba monumental, sino también como un símbolo de poder y estabilidad. La orientación precisa de la pirámide hacia los puntos cardinales y su alineación con las estrellas reflejaban la conexión de los faraones con los dioses y el cosmos.

La Cámara del Rey, con su impresionante sarcófago de

granito, estaba destinada a ser el lugar de descanso eterno del faraón, mientras que las cámaras de la reina, aunque no utilizadas para ese propósito específico, añadían complejidad y significado simbólico a la estructura. El diseño y la arquitectura de la Gran Pirámide encarnan la cosmovisión egipcia antigua y la creencia en la vida después de la muerte.

Desafíos y Controversias

Aunque la Gran Pirámide ha resistido el paso de los milenios, su historia está marcada por desafíos y controversias. Las teorías sobre la construcción, la función y el propósito de la pirámide han evolucionado con el tiempo, y el misterio que la rodea ha alimentado numerosas interpretaciones.

Controversias sobre la posible alineación con constelaciones, la utilización de tecnologías avanzadas y la existencia de cámaras no descubiertas han mantenido viva la intriga en torno a la Gran Pirámide. Estas cuestiones continúan generando debates y motivando investigaciones adicionales.

La Gran Pirámide en la Actualidad

La Gran Pirámide de Guiza, a pesar de su antigüedad, sigue siendo un punto focal de la investigación arqueológica y una atracción turística de renombre mundial. A lo largo de los años, diversas excavaciones, investigaciones y estudios han proporcionado nuevas perspectivas sobre su historia y construcción.

En la actualidad, la pirámide también enfrenta desafíos relacionados con la conservación y el impacto del turismo. Proyectos de restauración y monitoreo constante buscan preservar la integridad de la estructura para las generaciones futuras, mientras que la afluencia constante de visitantes continúa revelando nuevos detalles sobre este antiguo monumento.

La Gran Pirámide de Guiza, con su historia rica y su construcción asombrosa, se mantiene como un monumento eterno que trasciende las eras. Su significado cultural, su influencia en la arquitectura y su capacidad para inspirar asombro continúan definiendo su legado. Aunque las incógnitas persisten, la Gran Pirámide sigue siendo un faro de la antigüedad, una ventana al pasado que despierta la curiosidad y la admiración de aquellos que buscan comprender los misterios de la civilización egipcia y de la humanidad misma.

EGIPTO EN LA ÉPOCA DE KEOPS

La sociedad del antiguo Egipto durante la época en que se construyó la Gran Pirámide de Guiza, alrededor del año 2580 a.C., estaba profundamente arraigada en una estructura social jerárquica y gobernada por un sistema político teocrático. Para comprender la sociedad de esa época, es fundamental explorar aspectos clave, como la estructura social, la economía, la religión y el gobierno.

Estructura Social Jerárquica:

-Faraón y Élite Gobernante: En la cima de la jerarquía se encontraba el faraón, considerado tanto líder político como figura divina. La élite gobernante, compuesta por nobles y altos funcionarios, también ocupaba posiciones destacadas en la sociedad.

-Clase Media: Artistas, artesanos, y escribas formaban la clase media. Los artesanos desempeñaron un papel crucial en la construcción de monumentos como la Gran Pirámide, y los escribas eran esenciales para la administración y documentación.

-Trabajadores Agrícolas y Campesinos: La base de la sociedad estaba compuesta por agricultores y campesinos que trabajaban en las tierras del faraón o de los nobles. Su labor sostenía la economía y proporcionaba recursos para los proyectos monumentales.

Economía:

-Agricultura: La economía egipcia se basaba principalmente en la agricultura. Las crecidas anuales del río Nilo proporcionaban suelos fértiles para el cultivo de alimentos básicos como trigo y cebada.

-Comercio: Egipto participaba en el comercio con otras regiones del Mediterráneo y del Oriente Próximo. Se intercambiaban bienes como madera, metales, y piedras preciosas.

Religión:

-Culto al Faraón: La religión egipcia estaba intrínsecamente ligada al gobierno. El faraón era considerado un enlace entre los dioses y la Tierra, y su adoración era central en la sociedad.

-Culto a los Dioses: Además del culto al faraón, la sociedad veneraba a una amplia variedad de dioses y diosas asociados con diferentes aspectos de la naturaleza y la vida cotidiana.

Gobierno Teocrático:

-Autoridad del Faraón: El faraón poseía un poder centralizado y gobernaba con autoridad divina. Su voluntad se consideraba la voluntad de los dioses, y su gobierno se basaba en la maat, un concepto que representaba el orden, la justicia y la armonía.

Arte y Cultura:

-Arquitectura Monumental: La construcción de monumentos, como las pirámides, era una expresión de la grandeza y la divinidad del faraón. Los templos y tumbas también eran elementos destacados de la arquitectura egipcia.

-Escritura Jeroglífica: Los escribas utilizaban la escritura jeroglífica para documentar eventos, realizar registros administrativos y crear inscripciones en monumentos.

Sistema de Escritura:

-Escritura Jeroglífica: Los escribas utilizaban la escritura jeroglífica para documentar eventos, realizar registros administrativos y crear inscripciones en monumentos.

TEORÍAS ALTERNATIVAS SOBRE SU ANTIGÜEDAD

Es importante señalar que la mayoría de las teorías alternativas que sugieren que la Gran Pirámide de Guiza es más antigua de lo que sostienen los arqueólogos no están respaldadas por la evidencia científica aceptada y son consideradas por la comunidad académica como especulativas o sin fundamentos sólidos. Sin embargo, para comprender algunas de estas teorías y las argumentaciones de sus defensores, es posible explorar algunos de los puntos que a veces se mencionan en estos discursos, aunque es fundamental destacar que carecen de respaldo científico convincente.

1.Teoría de la Datación por Radiocarbono:

-Argumento de los Defensores: Algunos defensores sugieren que las fechas obtenidas a través de la datación por radiocarbono de materiales orgánicos encontrados cerca de la pirámide podrían indicar una antigüedad mayor de la estructura.

-Crítica de los Académicos: La datación por radiocarbono estándar se basa en materiales orgánicos como madera o carbón, que pueden contaminarse o no ser representativos de la fecha de construcción de la pirámide. Además, la mayoría de las fechas relacionadas con la pirámide están vinculadas a restos de la ocupación de la meseta de Guiza en diferentes épocas.

2.Teoría de la Esfinge más Antigua:

-Argumento de los Defensores: Algunos argumentan que la erosión en la esfinge de Guiza es más antigua de lo que se cree, lo que sugiere que la estructura podría datar de un período anterior.

-Crítica de los Académicos: La erosión de la esfinge ha sido objeto de debate, pero la mayoría de los geólogos y egiptólogos sostienen que la erosión es consistente con la exposición prolongada a la lluvia y el viento, y no necesariamente indica una antigüedad mayor de la esfinge.

3.Teorías Basadas en la Astronomía:

-Argumento de los Defensores: Algunos proponen que ciertas alineaciones astronómicas de la pirámide sugieren un conocimiento avanzado de astronomía, lo que podría indicar una antigüedad mayor.

-Crítica de los Académicos: La precisión de las alineaciones astronómicas es parte del conocimiento arquitectónico egipcio bien documentado, y no hay evidencia que indique la necesidad de una antigüedad mayor para explicar estas características.

4.Teorías Basadas en Supuestas Cámaras Ocultas:

-Argumento de los Defensores: Algunos sugieren la existencia de cámaras ocultas o pasadizos aún no descubiertos dentro de la pirámide, lo que podría indicar un propósito más complejo y, por lo tanto, una antigüedad mayor.

-Crítica de los Académicos: Las técnicas modernas, como la prospección geofísica y la exploración robótica, han revelado detalles sobre la estructura interna de la pirámide, pero hasta ahora no han proporcionado pruebas concluyentes de cámaras ocultas significativas.

PROPÓSITO Y SIGNIFICADO DE LA GRAN PIRÁMIDE DE GUIZA: UN MONUMENTO INMORTAL

La Gran Pirámide de Guiza, majestuosa y enigmática, se yergue como un testamento perdurable a la habilidad y visión de la civilización egipcia antigua. A lo largo de los milenios, esta estructura colosal ha suscitado fascinación y asombro, convirtiéndose en un faro de misterio que desafía nuestra comprensión y alimenta la imaginación. Para descifrar el propósito y significado de la Gran Pirámide, es esencial sumergirse en los intrincados estratos de la historia, la religión y la cosmovisión de la antigua civilización del Nilo.

Contexto Histórico y Constructivo:

1.Construcción durante el Reinado de Khufu:

La Gran Pirámide de Guiza se erigió durante el reinado del faraón Khufu, también conocido como Keops, de la Cuarta Dinastía del antiguo Egipto, alrededor del año 2580 a.C. Su construcción fue una empresa monumental que involucró a miles de trabajadores y empleó técnicas avanzadas para la época. El propósito inicial de esta estructura era servir como un monumento funerario para el faraón Khufu, destinado a preservar su legado en la vida después de la muerte.

2.Aspectos Arquitectónicos y Técnicos:

La arquitectura de la Gran Pirámide es asombrosa en su precisión y escala. Construida con bloques de piedra caliza y granito, la estructura tiene una base cuadrada con lados de aproximadamente 230 metros y una altura original de alrededor de 146 metros. Las técnicas de construcción avanzadas, como el uso de rampas y cuñas de madera, destacan la habilidad técnica de los constructores egipcios antiguos.

Propósito Funerario y Conexión con la Vida Después de la Muerte:

1.Tumba Real y Eternidad del Faraón:

El propósito primario de la Gran Pirámide era servir como la tumba eterna del faraón Khufu. En la religión egipcia, la vida después de la muerte era de vital importancia, y se creía que el faraón, como figura divina, continuaría su existencia en el más allá. La pirámide se concebía como una estructura monumental que albergaría el ka (el espíritu) del faraón y proporcionaría un paso seguro hacia la vida eterna.

2.Cámaras Internas y Significado Simbólico:

Las cámaras internas de la pirámide, como la Cámara del Rey y la Cámara de la Reina, tenían un significado simbólico profundo. La Cámara del Rey, con su impresionante sarcófago de granito, representaba el lugar de descanso eterno del faraón, mientras que las cámaras de la reina, aunque no utilizadas para ese propósito específico, añadían complejidad y significado espiritual a la estructura.

Religión y Cosmovisión Egipcia:

1.Religión Teocrática y Papel del Faraón:

La religión egipcia estaba intrínsecamente ligada al gobierno, y el faraón desempeñaba un papel central como intermediario entre los dioses y la humanidad. La construcción de la Gran Pirámide reflejaba la creencia en la conexión divina del faraón y su capacidad para asegurar el favor de los dioses para la eternidad.

2.Alineaciones Astronómicas y Conexiones Cósmicas:

Algunas teorías sugieren que las alineaciones astronómicas de la pirámide tienen significados cósmicos más profundos. La orientación precisa hacia los puntos cardinales y las asociaciones con constelaciones podrían haber simbolizado la conexión del faraón con el cosmos y la influencia de los dioses sobre la vida terrenal y después de la muerte.

Ingeniería como Manifestación del Poder y Grandeza:

1.Monumentalidad como Expresión de Poder:

La construcción de la Gran Pirámide no solo tenía un propósito religioso, sino que también era una manifestación del poder y la grandeza del faraón y del antiguo Egipto. La estructura imponente servía como un símbolo visual de la capacidad de la civilización egipcia para realizar hazañas arquitectónicas extraordinarias.

2.Complejidad Técnica como Legado Duradero:

La precisión técnica y la complejidad de la construcción de la pirámide también podrían haber sido concebidas como un legado duradero. La habilidad de planificación y ejecución necesaria para erigir tal monumento destacaba la destreza técnica y organizativa de la sociedad egipcia antigua.

Misterios y Desafíos Continuos:

1.Controversias y Teorías Alternativas:

A lo largo de los siglos, la Gran Pirámide ha generado controversias y teorías alternativas que desafían la narrativa aceptada. Algunos sostienen que la estructura podría tener conexiones cósmicas aún no comprendidas, mientras que otros proponen que podría ser aún más antigua de lo que indican las fechas tradicionales.

2.Misterios No Resueltos y Perspectivas Futuras:

A pesar de décadas de estudio, la Gran Pirámide sigue albergando misterios no resueltos. Las tecnologías modernas, como la prospección geofísica y la exploración robótica, continúan revelando detalles sobre su estructura interna. La investigación en curso ofrece la esperanza de que nuevos descubrimientos puedan proporcionar una comprensión más profunda de su propósito y significado.

La Gran Pirámide en la Actualidad:

1.Atracción Turística y Patrimonio Mundial:

Hoy en día, la Gran Pirámide es una atracción turística de renombre mundial y ha sido designada como Patrimonio de la Humanidad por la UNESCO. Millones de visitantes de todo el mundo acuden para admirar su grandeza y sumergirse en la historia antigua de Egipto.

2.Desafíos de Conservación y Turismo:

La conservación de la Gran Pirámide es un desafío constante. La afluencia de turistas y los elementos ambientales presentan amenazas a su integridad, y los esfuerzos de conservación buscan equilibrar la preservación del monumento con el acceso público.

La Gran Pirámide de Guiza es mucho más que una maravilla arquitectónica; es un testamento eterno a la complejidad de la civilización egipcia y a la profundidad de su cosmovisión. Su propósito como tumba real y conexión con la vida después de la muerte refleja las creencias religiosas de la época. La construcción monumental, la precisión técnica y las posibles conexiones cósmicas subrayan el poder y la grandeza de la civilización antigua. A pesar de los misterios no resueltos y las teorías en curso, la Gran Pirámide persiste como un legado eterno, inspirando admiración y asombro

en aquellos que buscan entender los enigmas de la historia
y la humanidad.

MISTERIOS Y ENIGMAS DE LA PIRÁMIDE DE GUIZA: UN VIAJE A LO DESCONOCIDO

La Pirámide de Guiza, esa colosal estructura de piedra que se alza en la llanura egipcia, continúa desafiando la comprensión humana con sus misterios y enigmas arraigados en el tiempo. A pesar de décadas de investigaciones y estudios arqueológicos, la Gran Pirámide sigue siendo un testamento enigmático a la destreza técnica y al conocimiento avanzado de la antigua civilización egipcia. Este monolito de misterios evoca preguntas sin respuesta y susurra secretos que desafían nuestra comprensión moderna. Adentrémonos en los enigmas de la Pirámide de Guiza, explorando las preguntas que persisten y las teorías que buscan arrojar luz sobre lo desconocido.

La Precisión de la Construcción:

1.Alineaciones Astronómicas y Geométricas:

Uno de los misterios más intrigantes de la Pirámide de Guiza es la precisión con la que fue construida. Los antiguos egipcios lograron alinear la pirámide con una precisión asombrosa hacia los puntos cardinales. La orientación de las caras de la pirámide coincide casi perfectamente con los puntos norte, sur, este y oeste, a pesar de las enormes dimensiones de la estructura.

2.Posible Conocimiento Avanzado de la Geometría:

Algunos investigadores se preguntan cómo los constructores egipcios lograron esta precisión geométrica sin la tecnología moderna. La teoría de que poseían conocimientos avanzados de geometría y astronomía plantea la pregunta de cómo una civilización antigua podría haber adquirido tal maestría en disciplinas que, en teoría, deberían haber evolucionado mucho más tarde.

Diseño Interno y Cámaras Ocultas:

1.Cámaras No Descubiertas:

A pesar de décadas de exploración y estudio, la Pirámide de Guiza sigue revelando secretos. Tecnologías modernas, como la exploración con robots y la prospección geofísica, han sugerido la posible existencia de cámaras ocultas aún no descubiertas en su interior. ¿Qué secretos podrían albergar estas cámaras no reveladas?

2.Función de las Cámaras Internas:

Las cámaras internas de la pirámide, como la Cámara

del Rey y la Cámara de la Reina, han desconcertado a los investigadores. Aunque se cree que la Cámara del Rey albergaba el sarcófago del faraón, la función exacta de la Cámara de la Reina sigue siendo objeto de especulación. Algunos sugieren un propósito ritual o simbólico que va más allá de su designación como tumba.

Construcción y Transporte de los Bloques:

1.Métodos de Construcción y Transporte:

A pesar de los esfuerzos de la investigación, los métodos exactos utilizados para construir la Gran Pirámide siguen siendo un misterio. ¿Cómo los antiguos egipcios, con tecnología aparentemente limitada, lograron cortar, tallar y transportar bloques de piedra que pesan varias toneladas? Las teorías sobre el uso de rampas o métodos más avanzados despiertan debates entre los expertos.

2.Posible Influencia Extraterrestre:

Algunas teorías alternativas sugieren que la construcción de la pirámide podría haber involucrado ayuda de seres extraterrestres. Aunque esta idea se considera en gran medida especulativa y carece de respaldo científico, persiste como una narrativa que captura la imaginación popular.

Erosión y la Edad de la Esfinge:

1.Erosión de la Esfinge:

La Esfinge de Guiza, situada cerca de la Gran Pirámide, presenta signos de erosión que han llevado a especulaciones sobre su antigüedad. Algunos argumentan que la erosión en la Esfinge podría indicar una mayor antigüedad de la estructura, quizás relacionada con eventos climáticos más antiguos de lo que se cree.

2.Posible Cambio Climático Antiguo:

La teoría de que la erosión en la Esfinge se debe a eventos climáticos antiguos plantea la pregunta de si la región experimentó cambios climáticos significativos que podrían haber afectado a estas estructuras mucho antes de lo que se pensaba.

Tecnología Avanzada y Construcción:

1.Uso de Tecnología Desconocida:

Algunas teorías sugieren que los constructores de la pirámide podrían haber utilizado tecnologías avanzadas desconocidas para cortar y dar forma a las piedras. La ausencia de evidencia directa de estas tecnologías ha llevado a escepticismo, pero la pregunta persiste sobre cómo lograron tal precisión con las herramientas disponibles.

2.Posibles Herramientas y Métodos Perdidos:

La idea de que los antiguos egipcios podrían haber poseído herramientas o métodos perdidos, quizás con conocimientos que se han perdido en el tiempo, plantea preguntas sobre la evolución de la tecnología y la posibilidad de que algunas habilidades hayan quedado en el olvido.

Significado Astronómico y Cosmológico:

1.Alineaciones con Estrellas y Constelaciones:

Las alineaciones de la pirámide con ciertas estrellas y constelaciones han llevado a teorías sobre un posible significado astronómico o cosmológico. ¿Fue la construcción de la pirámide guiada por un conocimiento más profundo de los ciclos celestiales y su relación con la vida terrenal y la vida después de la muerte?

2.Papel de las Estrellas en la Cosmovisión Egipcia:

La importancia de las estrellas en la cosmovisión egipcia plantea preguntas sobre cómo los antiguos egipcios integraron la astronomía en sus creencias religiosas y cómo esto podría haber influido en el diseño y la construcción de la pirámide.

El Legado de los Misterios:

1.Atracción Duradera y Curiosidad Infinita:

A medida que la investigación continúa y la tecnología moderna ofrece nuevas herramientas para explorar la pirámide, la atracción duradera de sus misterios persiste. La curiosidad infinita que despierta la pirámide sigue siendo un motor para la exploración y la investigación.

2.Desafíos para la Historiografía:

Los misterios de la Pirámide de Guiza desafían la historiografía convencional y abren debates sobre la evolución de la tecnología, la transmisión del conocimiento y la posibilidad de influencias externas en la antigüedad. Cada nuevo descubrimiento plantea más preguntas y desafía las narrativas establecidas.

La Perpetuidad de lo Desconocido

La Pirámide de Guiza, con sus misterios y enigmas arraigados en la antigüedad, se mantiene como un faro de lo desconocido en el paisaje de la historia humana. Cada piedra, cada alineación y cada cámara oculta despiertan la curiosidad y alimentan la imaginación. Aunque la investigación y la exploración continúan, la pirámide sigue desafiando nuestras nociones de lo posible y recordándonos que, en la vastedad del tiempo, hay secretos que se resisten a ser revelados. La perpetuidad de lo desconocido persiste en la Pirámide de Guiza, invitándonos a un viaje eterno hacia el misterio y la maravilla.

TEORÍAS CONTEMPORÁNEAS SOBRE LA CONSTRUCCIÓN DE LA GRAN PIRÁMIDE DE GUIZA: UN DEBATE EN CURSO

La construcción de la Gran Pirámide de Guiza ha fascinado a la humanidad durante milenios, y a pesar de los avances en la arqueología y la egiptología, el misterio que rodea su edificación persiste. A lo largo del tiempo, se han propuesto diversas teorías para explicar cómo los antiguos egipcios lograron erigir esta maravilla arquitectónica. En la actualidad, las teorías contemporáneas ofrecen enfoques innovadores y debates apasionados sobre los métodos y recursos empleados en la construcción de la pirámide más famosa del mundo.

Teorías Tradicionales Reevaluadas:

1.Rampas y Esclavos:

La teoría tradicional sugiere que se utilizaron rampas para transportar los enormes bloques de piedra y que miles de esclavos llevaron a cabo la construcción. Sin embargo, los detractores argumentan que la logística y la cantidad de mano de obra necesaria para esta tarea plantean desafíos significativos.

2.Herramientas de Cobre y Bronce:

Otra teoría tradicional implica el uso de herramientas de cobre y bronce para esculpir y dar forma a los bloques de piedra caliza. Aunque estas herramientas eran ciertamente utilizadas, algunos cuestionan si eran suficientemente resistentes para trabajar la dura piedra granítica que compone la estructura interna de la pirámide.

Teorías Contemporáneas Alternativas:

1.Tecnología Avanzada de Elevación:

Algunos investigadores proponen que los antiguos egipcios podrían haber utilizado tecnologías avanzadas de elevación que aún no comprendemos completamente. Se sugiere el uso de dispositivos basados en principios hidráulicos o técnicas de levitación magnética para mover los bloques de piedra a lugares elevados.

2.Técnica de Derrame de Concreto:

Una teoría novedosa sugiere que los egipcios podrían haber

utilizado una forma primitiva de concreto para verter bloques en el lugar en vez de tallarlos. Esta teoría se basa en la evidencia de que algunas piedras calizas que componen la pirámide tienen características que sugieren una formación similar a la del concreto.

Enfoques Interdisciplinarios:

1.Ingeniería Social y Organización:

Algunos investigadores adoptan un enfoque interdisciplinario que combina la ingeniería con la sociología y la organización laboral. Argumentan que la construcción de la pirámide podría haber sido una empresa altamente organizada con una fuerza laboral bien capacitada y métodos eficientes de transporte de materiales.

2.Aplicación de Principios Astronómicos:

Otra teoría se centra en la posible aplicación de principios astronómicos en la planificación y la construcción de la pirámide. Se argumenta que la alineación precisa de la Gran Pirámide con los puntos cardinales y su relación con las estrellas podrían haber sido aspectos fundamentales de su diseño y construcción.

Uso de Energía Sonora:

1.Teoría de la Resonancia Acústica:

Una teoría más especulativa sugiere que los antiguos egipcios podrían haber utilizado resonancia acústica para levantar los bloques. La idea es que ciertos tonos y frecuencias podrían haber facilitado el movimiento de los bloques de piedra de manera más eficiente.

2.Influencia del Sonido en la Arquitectura:

Se exploran las posibles formas en que la arquitectura de la pirámide podría haber sido diseñada para aprovechar las propiedades acústicas, aunque esta teoría es objeto de debate y carece de evidencia sólida.

Desafíos y Críticas:

1.Falta de Evidencia Directa:

Una crítica común a muchas teorías contemporáneas es la falta de evidencia arqueológica directa que respalde estas hipótesis. Sin hallazgos concretos que demuestren el uso de tecnologías avanzadas o métodos específicos, algunas teorías se perciben como especulativas.

2.Complejidad de Coordinación:

La complejidad y la coordinación requeridas para construir la Gran Pirámide plantean desafíos a cualquier teoría que se presente. La falta de evidencia clara sobre cómo se llevaron a cabo estas tareas a menudo alimenta la especulación y la controversia.

Investigaciones y Tecnologías Emergentes:

1.Exploraciones No Invasivas:

Las tecnologías modernas, como la prospección geofísica y la exploración robótica, ofrecen nuevas formas de estudiar la pirámide sin dañar su estructura. Estas técnicas proporcionan datos más detallados sobre la composición interna y la posible existencia de cámaras ocultas.

2.Datación Avanzada:

La datación por radiocarbono y otras técnicas avanzadas permiten a los investigadores fechar con mayor precisión los materiales utilizados en la construcción, lo que arroja luz sobre la cronología precisa de la edificación de la pirámide.

Un Misterio Sin Resolver

A pesar de los avances en la investigación arqueológica y las teorías contemporáneas innovadoras, la construcción de la Gran Pirámide de Guiza sigue siendo un misterio sin resolver. Las teorías tradicionales han sido reevaluadas, y nuevas hipótesis han surgido, pero la falta de evidencia directa y la complejidad del proyecto continúan desafiando a los investigadores.

El debate sobre la construcción de la Gran Pirámide refleja la naturaleza dinámica de la arqueología y la ciencia. A medida que emergen nuevas tecnologías y se realizan descubrimientos adicionales, es probable que las teorías evolucionen y se ajusten. La Gran Pirámide, con su imponente presencia en el horizonte egipcio, sigue siendo un testamento a la habilidad y la creatividad de la antigua civilización, manteniendo su

lugar como uno de los misterios más fascinantes de la historia humana. La búsqueda de respuestas continúa, y la

Gran Pirámide sigue desafiando a la humanidad a descubrir los secretos que guarda en su interior.

DESCUBRIMIENTOS ARQUEOLÓGICOS EN LA GRAN PIRÁMIDE DE GUIZA: REVELANDO LOS SECRETOS DEL PASADO

La Gran Pirámide de Guiza, una de las siete maravillas del mundo antiguo, ha sido objeto de una intensa exploración arqueológica a lo largo de los años. Cada excavación, cada exploración y cada avance tecnológico han revelado nuevas capas de conocimiento sobre esta maravilla arquitectónica, desentrañando los secretos que yacen en su interior y debajo de su monumental estructura. Los descubrimientos arqueológicos en la Gran Pirámide de Guiza no solo han enriquecido nuestra comprensión de la civilización egipcia antigua, sino que también han planteado nuevas preguntas sobre la construcción, el propósito y la historia de este icónico monumento.

Exploraciones y Descubrimientos Iniciales:

1.Expediciones del Siglo XIX:

Las primeras expediciones y exploraciones en la Gran Pirámide se llevaron a cabo en el siglo XIX. Entre los pioneros estuvo el explorador británico Richard Vyse, quien, junto con el ingeniero John Perring, descubrió la entrada original de la pirámide y exploró las cámaras internas. Sus trabajos proporcionaron una visión inicial de la complejidad interna de la pirámide.

2.Descubrimientos de Howard Vyse:

Howard Vyse, hijo de Richard Vyse, realizó descubrimientos significativos en la década de 1830. En la Cámara del Rey, encontró el famoso cartucho de Keops, indicando que la pirámide fue construida por el faraón Khufu. Aunque estas exploraciones no estuvieron exentas de controversias, los hallazgos contribuyeron a establecer la cronología y autoría de la pirámide.

Exploraciones del Siglo XX:

1.Exploraciones de Petrie:

En el siglo XX, el arqueólogo británico Sir William Matthew Flinders Petrie llevó a cabo extensas exploraciones en Guiza. Su trabajo incluyó mediciones precisas y la identificación de estructuras auxiliares cerca de la Gran Pirámide. Sus investigaciones sentaron las bases para futuros estudios y excavaciones.

2.Trabajo de Selim Hassan:

El arqueólogo egipcio Selim Hassan también contribuyó al conocimiento de la Gran Pirámide en la primera mitad del siglo XX. Su obra Las Pirámides de Egipto documentó las excavaciones y estudios detallados, proporcionando información esencial sobre la construcción y estructura interna de la pirámide.

Tecnología Moderna y Descubrimientos Recientes:

1.Descubrimientos Mediante Tecnología No Invasiva:

Las últimas décadas han sido testigo de avances tecnológicos que han permitido exploraciones más detalladas sin dañar la estructura de la pirámide. La prospección geofísica, el escaneo láser y la termografía infrarroja han revelado detalles sobre la disposición interna de la pirámide y posibles estructuras ocultas.

2.Robots Exploradores:

En 2002, el robot explorador Upuaut 2, dirigido por el ingeniero alemán Rudolf Gantenbrink, penetró la llamada Puerta de Gantenbrink, una puerta bloqueada en el conducto sur de la Cámara de la Reina. Aunque no descubrió tesoros, su exploración ofreció nueva información sobre el interior de la pirámide.

Descubrimientos en las Cámaras Internas:

1.Cámara del Rey:

Las exploraciones en la Cámara del Rey han revelado

detalles asombrosos. La presencia de un sarcófago de granito y las inscripciones dentro de la cámara proporcionan información sobre el propósito funerario de la pirámide. La disposición de los elementos en la cámara sugiere una cuidadosa planificación arquitectónica.

2.Cámara de la Reina:

La Cámara de la Reina, aunque no fue utilizada para ese propósito específico, ha sido objeto de estudio. La disposición de las piedras y la función de esta cámara continúan siendo objeto de especulación e investigación.

Restauraciones y Conservación:

1.Restauraciones en el Siglo XX:

En el siglo XX, se realizaron restauraciones en la Gran Pirámide para preservar su integridad estructural. Sin embargo, algunas de estas intervenciones generaron controversias, como la restauración de piedras caídas en la década de 1950, que suscitó críticas sobre la autenticidad del sitio.

2.Desafíos de Conservación en la Actualidad:

La conservación de la Gran Pirámide sigue siendo un desafío. La afluencia masiva de turistas y las condiciones ambientales representan amenazas a su integridad. Los esfuerzos de conservación buscan equilibrar la preservación del monumento con la accesibilidad para el público.

Descubrimientos Relacionados con el Propósito de la

Pirámide:

1.Cartucho de Keops:

El descubrimiento del cartucho de Keops en la Cámara del Rey confirmó la autoría de la pirámide por parte del faraón Khufu. Este hallazgo fue fundamental para establecer la conexión histórica y cultural de la pirámide.

2.Relieves y Grabados:

Relieves y grabados descubiertos en las cámaras internas proporcionan pistas sobre las creencias religiosas y ceremoniales de la época. Estos detalles artísticos ofrecen una ventana a la cosmovisión egipcia y su relación con la vida después de la muerte.

Descubrimientos en los Conductos de Ventilación:

1.Exploración de los Conductos:

Los conductos de ventilación en la Gran Pirámide han sido objeto de exploración detallada. Se han descubierto detalles sobre su diseño y orientación, y algunos investigadores sugieren que podrían tener significados simbólicos o astronómicos.

2.Misterios en los Conductos:

Aunque los conductos han revelado información valiosa, persisten misterios sobre su función exacta y su relación con la estructura general de la pirámide. ¿Fueron diseñados con propósitos ceremoniales, rituales o astronómicos?

Perspectivas Futuras

Los descubrimientos arqueológicos en la Gran Pirámide de Guiza han proporcionado una visión fascinante de la antigua civilización egipcia y su capacidad para realizar proezas arquitectónicas. Sin embargo, cada descubrimiento plantea nuevas preguntas y desafíos, invitando a la comunidad arqueológica a seguir explorando los secretos enterrados en la piedra. La aplicación continua de tecnologías no invasivas, la mejora de las técnicas de conservación y la colaboración internacional ofrecen perspectivas emocionantes para futuras investigaciones. La Gran Pirámide, con su legado imperecedero, sigue siendo un faro de conocimiento y un recordatorio de que, en el corazón del pasado, aún hay misterios que esperan ser revelados.

EL IMPACTO CULTURAL DE LA GRAN PIRÁMIDE DE GUIZA A LO LARGO DE LA HISTORIA: UN MONUMENTO INMORTAL

La Gran Pirámide de Guiza, un coloso de piedra que se alza majestuosamente en la llanura egipcia, ha ejercido una influencia cultural sin paralelo a lo largo de los milenios. Más allá de su imponente presencia arquitectónica, la pirámide ha dejado una marca indeleble en la historia, la religión, la mitología y la cultura de Egipto y el mundo. Desde su construcción en el tercer milenio antes de Cristo hasta la actualidad, la Gran Pirámide ha sido un faro de inspiración, asombro y especulación, desempeñando un papel crucial en la formación de la identidad cultural egipcia y dejando una huella perdurable en la conciencia global.

Construcción como Hazaña Monumental:

1.Orgullo Nacional:

La construcción de la Gran Pirámide de Guiza representó una hazaña monumental que suscitó un inmenso orgullo entre los antiguos egipcios. La pirámide no solo simbolizaba el poder y la grandeza de los faraones, sino que también era una manifestación tangible de la destreza técnica y la habilidad organizativa de la civilización egipcia.

2.Inspiración para Generaciones Futuras:

La magnitud y complejidad de la construcción de la pirámide sirvieron como inspiración para generaciones futuras de arquitectos, ingenieros y constructores. La estructura se convirtió en un estándar de excelencia, desafiando a aquellos que buscaban igualar o superar sus logros arquitectónicos.

Religión y Vida Después de la Muerte:

1.Ritual Funerario y Significado Religioso:

La Gran Pirámide fue concebida como un monumento funerario para los faraones, con la creencia de que serviría como un portal hacia la vida después de la muerte. La relación intrínseca entre la arquitectura de la pirámide y las creencias religiosas de la época la convirtió en un elemento esencial del ritual funerario egipcio.

2.Cosmovisión Egipcia:

La pirámide, con sus cámaras internas y su alineación astronómica, reflejaba la cosmovisión egipcia, donde la conexión entre la vida terrenal y el más allá era fundamental. La orientación precisa hacia los puntos cardinales y las estrellas sugería una relación simbólica con el cosmos y los dioses.

Mitos y Leyendas:

1.Maravillas del Mundo Antiguo:

La Gran Pirámide de Guiza, junto con otras maravillas del mundo antiguo, se convirtió en el centro de numerosos mitos y leyendas. Su construcción aparentemente imposible alimentó narrativas sobre la intervención divina o incluso la ayuda de seres extraterrestres. Estos mitos contribuyeron a la fascinación continua por la pirámide a lo largo de los siglos.

2.Influencia en Obras Literarias y Artísticas:

La pirámide ha inspirado innumerables obras literarias y artísticas a lo largo de la historia. Desde relatos de viajeros antiguos hasta la poesía contemporánea, la Gran Pirámide ha sido un motivo recurrente que ha capturado la imaginación de escritores y artistas de diversas épocas y culturas.

Exploración y Descubrimientos:

1.Excavaciones y Descubrimientos Arqueológicos:

A medida que la arqueología avanzaba, las excavaciones en y alrededor de la pirámide proporcionaron descubrimientos que arrojaron luz sobre la vida en el antiguo Egipto. Artefactos, inscripciones y restos funerarios encontrados en las cercanías de la pirámide han contribuido a la comprensión de la sociedad, la religión y la vida cotidiana de la época.

2.Emoción Global por Nuevos Descubrimientos:

Cada nuevo descubrimiento arqueológico en la Gran Pirámide ha generado emoción global y renovado el interés en su historia. La aplicación de tecnologías modernas, como la prospección geofísica y la exploración robótica, ha permitido descubrimientos sin precedentes sin dañar la estructura misma de la pirámide.

Icono del Turismo y Patrimonio Mundial:

1.Atracción Turística:

La Gran Pirámide de Guiza se ha convertido en una de las principales atracciones turísticas del mundo. Millones de visitantes de todo el planeta acuden para contemplar su grandeza y sumergirse en la historia antigua. La pirámide ha contribuido significativamente al turismo en Egipto y a la economía local.

2.Patrimonio Mundial de la UNESCO:

En 1979, la Gran Pirámide, junto con las pirámides de Khafre y Menkaure, fue designada como Patrimonio Mundial de la UNESCO. Esta distinción subraya su importancia cultural y su contribución única al legado de la humanidad.

Influencia en la Arquitectura y el Diseño:

1.Inspiración Arquitectónica:

La forma y la estructura de la Gran Pirámide han influido en la arquitectura a lo largo de la historia. Desde la antigüedad hasta la era moderna, arquitectos de diversas culturas han encontrado inspiración en la simetría y la grandiosidad de la pirámide.

2.Diseño de Monumentos Emblemáticos:

Monumentos emblemáticos, como la Pirámide del Louvre en París o el Museo de Historia Natural en Nueva York, han incorporado elementos de diseño inspirados en la Gran Pirámide. Esta influencia se extiende más allá de las fronteras de Egipto, convirtiéndose en un símbolo universal de grandeza arquitectónica.

Contribución a la Identidad Nacional:

1.Símbolo Nacional de Egipto:

La Gran Pirámide de Guiza se ha convertido en un símbolo nacional de Egipto. Su presencia en la bandera egipcia y su papel central en la narrativa histórica del país la han arraigado profundamente en la identidad nacional, evocando un sentido de conexión con la rica herencia cultural de Egipto.

2.Orgullo y Patriotismo:

La pirámide despierta un profundo sentimiento de orgullo y patriotismo entre los egipcios. Es un recordatorio tangible de la grandeza de la civilización antigua y de la capacidad de Egipto para dejar una marca indeleble en la historia del mundo.

Un Legado Eterno

La Gran Pirámide de Guiza ha dejado un legado eterno en la historia cultural de la humanidad. Desde su construcción como un monumento funerario hasta su papel como ícono global, la pirámide ha influido en la religión, la mitología, el arte, la arquitectura y la identidad nacional. A medida que continúa atrayendo la atención del mundo, la Gran Pirámide de Guiza persiste como un monumento inmortal, recordándonos la capacidad humana para alcanzar alturas asombrosas y la perdurabilidad de la grandeza cultural a lo largo de los siglos. Su historia, aún en parte envuelta en misterio, sigue siendo un faro de inspiración y asombro, transmitiendo un mensaje atemporal sobre el poder de la creatividad y la ambición humanas.

LA GRAN PIRÁMIDE DE GUIZA Y SU IMPACTO DURADERO EN LA ARQUITECTURA: UN LEGADO ETERNO

La Gran Pirámide de Guiza, una maravilla arquitectónica construida hace más de 4,500 años, ha dejado un impacto indeleble en el mundo de la arquitectura. Su estructura imponente, precisión geométrica y significado cultural han servido como fuente de inspiración para arquitectos, diseñadores y constructores a lo largo de los siglos. Este icono monumental ha influido en la evolución de estilos arquitectónicos, ha inspirado nuevas interpretaciones y ha dejado una huella en la creatividad humana que perdura hasta la actualidad.

La Gran Pirámide como Pionera en Diseño y Construcción:

1.Innovaciones en Ingeniería:

La Gran Pirámide, construida durante la Cuarta Dinastía del Antiguo Egipto, representa un hito en la historia de la ingeniería y la construcción. Su diseño simétrico, con lados que se orientan exactamente a los puntos cardinales, demuestra un conocimiento avanzado de la geometría y la astronomía. Esta precisión ha inspirado a arquitectos a explorar la relación entre la arquitectura y la ciencia.

2.Uso de Materiales Locales:

Los constructores de la Gran Pirámide utilizaron principalmente piedra caliza y granito, materiales disponibles en la región. Este enfoque ha influido en la arquitectura sostenible, destacando la importancia de utilizar recursos locales y adaptarse al entorno.

Inspiración para Estilos Arquitectónicos Posteriores:

1.Arquitectura Egipcia Antigua:

La arquitectura egipcia antigua, influida por la Gran Pirámide, se caracteriza por la simetría, la monumentalidad y la utilización de columnas y obeliscos. Templos como Karnak y Luxor reflejan la influencia de las formas geométricas y la disposición axial que se observa en la pirámide.

2.Estilo Neoclásico:

Durante el Renacimiento y el período neoclásico, la fascinación por la antigüedad clásica llevó a la adopción de elementos egipcios en la arquitectura europea. Columnas con capiteles en forma de loto y obeliscos se convirtieron en características prominentes en la arquitectura neoclásica, como se ve en la Place de la Concorde en París.

Efectos en la Arquitectura Religiosa:

1.Influencia en Templos y Basílicas:

El diseño de templos y basílicas a lo largo de la historia ha sido moldeado por la monumentalidad y la disposición axial inspirada en la Gran Pirámide. La construcción de edificios religiosos a menudo busca crear una sensación de grandeza y orden, siguiendo principios que se remontan a las antiguas estructuras egipcias.

2.Simbolismo en la Arquitectura Sacra:

La Gran Pirámide ha contribuido al simbolismo arquitectónico en contextos religiosos. La forma piramidal ha sido interpretada como un símbolo de conexión entre lo terrenal y lo divino, influyendo en la concepción de edificaciones sagradas en diversas culturas.

Aportes a la Arquitectura Funeraria:

1.Tumbas y Mausoleos:

La concepción de tumbas y mausoleos ha sido influenciada por la Gran Pirámide como un monumento funerario monumental. La noción de erigir estructuras imponentes para honrar a los fallecidos ha perdurado en la arquitectura funeraria a lo largo de los siglos.

2.Utilización de Pirámides en el Arte Funerario:

La forma de la pirámide ha sido incorporada en monumentos y mausoleos modernos como un tributo simbólico a la eternidad y la trascendencia espiritual. Ejemplos incluyen el Monumento a Washington en los Estados Unidos.

Desarrollos en la Arquitectura Militar:

1.Fortificaciones y Bastiones:

El diseño de fortificaciones y bastiones ha sido influenciado por la disposición estratégica de la Gran Pirámide. La

consideración de la ubicación, la simetría y la visibilidad son elementos que han encontrado aplicación en la arquitectura militar.

2.Uso de Materiales Duraderos:

La elección de materiales duraderos, como el granito, utilizado en la Gran Pirámide, ha impactado el diseño de estructuras militares para garantizar resistencia y longevidad.

Contribuciones a la Arquitectura Urbana:

1.Planificación Urbana:

La disposición ordenada y simétrica de la Gran Pirámide ha influido en conceptos de planificación urbana. La creación de espacios públicos y monumentos en armonía con el entorno circundante refleja una apreciación por los principios observados en la arquitectura de la antigua Guiza.

2.Monumentos y Plazas Públicas:

La creación de monumentos y plazas públicas ha adoptado elementos estilísticos inspirados en la antigüedad egipcia. La disposición axial, las columnas y los obeliscos son características que han perdurado en la arquitectura de espacios públicos.

Influencia en la Arquitectura Moderna:

1.Modernismo y Estilo Internacional:

El movimiento modernista del siglo XX, que abogaba por la funcionalidad y la simplicidad, encontró inspiración en la forma geométrica de la Gran Pirámide. El estilo internacional, caracterizado por líneas limpias y volúmenes simples, comparte similitudes con la estética de la antigua estructura.

2.Arquitectura Contemporánea:

Arquitectos contemporáneos han continuado explorando la relación entre la arquitectura y la ciencia, retomando la tradición iniciada por la Gran Pirámide. Proyectos vanguardistas buscan integrar la tecnología y la sostenibilidad, siguiendo la búsqueda de innovación que caracterizó la construcción de la pirámide.

Veamos algunos ejemplos influencia de la Gran Pirámide de Guiza en la Arquitectura Moderna:

- Louvre Pyramid - Museo del Louvre, París: La pirámide de vidrio y metal en el patio del Museo del Louvre, diseñada por el arquitecto I. M. Pei, es un homenaje moderno a la forma icónica de la Gran Pirámide de Guiza. La disposición geométrica y simétrica de la pirámide del Louvre refleja la armonía y proporciones observadas en la Gran Pirámide, estableciendo un puente entre la arquitectura antigua y moderna.

- Luxor Hotel and Casino - Las Vegas, Estados Unidos: El Luxor Hotel presenta una imponente estructura en forma de pirámide con una esfinge adyacente, evocando la estética egipcia. El diseño del Luxor rinde homenaje a la monumentalidad y simetría de la Gran Pirámide, utilizando la forma piramidal como un elemento arquitectónico distintivo.

- US Bank Tower - Los Ángeles, Estados Unidos: La US Bank Tower, también conocida como la Torre Library, presenta una estructura escalonada y única que se destaca en el horizonte de Los Ángeles. Aunque no imita directamente la forma de la pirámide, la US Bank Tower refleja la búsqueda de originalidad y monumentalidad, principios que comparte con la arquitectura egipcia antigua.

- One World Trade Center - Nueva York, Estados Unidos: El One World Trade Center, también conocido como la Torre de la Libertad, es el rascacielos principal del complejo del World Trade Center en Nueva York. Aunque su forma es diferente, la búsqueda de grandeza y la atención a la precisión técnica en la construcción del One World Trade Center reflejan la misma ambición que impulsó la construcción de la Gran Pirámide.

- Cristo Redentor - Río de Janeiro, Brasil: La estatua de Cristo Redentor en la montaña del Corcovado es un ícono reconocido, y su diseño se inspira en la arquitectura monumental y simétrica. Aunque de una cultura diferente, la disposición simétrica y la presencia imponente de Cristo Redentor comparten similitudes con la estética de la Gran Pirámide.

- Hotel Ryugyong - Pyongyang, Corea del Norte: El Hotel Ryugyong es una estructura en forma de pirámide de vidrio y hormigón en Pyongyang, conocida por su monumentalidad. La forma piramidal del hotel refleja la influencia de la arquitectura egipcia en la búsqueda de formas distintivas y monumentales en la arquitectura contemporánea.

Estos ejemplos ilustran cómo la Gran Pirámide de Guiza ha inspirado y sigue inspirando diseños arquitectónicos en todo el mundo. Ya sea a través de la forma, la simetría o la búsqueda de monumentalidad, la influencia de la antigua estructura egipcia perdura en la creatividad de los arquitectos modernos.

La Gran Pirámide como Fuente Inagotable de Inspiración

La Gran Pirámide de Guiza, con su imponente presencia y su rica historia, ha dejado un legado eterno en la arquitectura. Desde su construcción en el antiguo Egipto hasta la arquitectura contemporánea, su influencia ha sido profunda y duradera. Los principios de simetría, precisión geométrica y conexión con el entorno han perdurado, sirviendo como fuente inagotable de inspiración para generaciones de arquitectos. La Gran Pirámide no solo es un monumento antiguo, sino un faro que sigue guiando el pensamiento arquitectónico hacia nuevas alturas. En la búsqueda de la excelencia arquitectónica, la Gran Pirámide de Guiza permanece como un recordatorio perdurable de la capacidad humana para crear estructuras que resisten la prueba del tiempo.

TURISMO Y VISITAS A LA GRAN PIRÁMIDE DE GUIZA EN LA ACTUALIDAD: UN FENÓMENO CULTURAL Y ECONÓMICO EN EGIPTO

La Gran Pirámide de Guiza, un testamento monumental a la antigua grandeza egipcia, se erige hoy como un faro de turismo global. Cada año, millones de visitantes de todo el mundo acuden a este sitio icónico para maravillarse ante su imponente arquitectura y sumergirse en la rica historia del antiguo Egipto. Este flujo constante de turistas no solo ha transformado el área que rodea la pirámide, sino que también ha tenido un impacto significativo en la sociedad egipcia, tanto en términos culturales como económicos.

La Gran Pirámide como Atracción Turística:

1.Magnitud de la Atracción:

La Gran Pirámide de Guiza se ha convertido en una de las principales atracciones turísticas del mundo. Su imponente presencia y su conexión con la rica historia del antiguo Egipto atraen a viajeros, historiadores y aventureros por igual. Es un destino que trasciende las fronteras culturales y geográficas, uniendo a personas de diversas procedencias en su fascinación común por la grandeza antigua.

2.Flujo Continuo de Visitantes:

La afluencia constante de visitantes es evidente en las colas que se forman frente a la entrada de la pirámide y en los grupos de turistas que exploran los alrededores. Esta persistente corriente de visitantes crea una atmósfera vibrante, donde la maravilla y la emoción se mezclan con el zumbido constante de cámaras fotográficas y voces emocionadas.

Impacto Económico:

1.Generación de Ingresos:

El turismo en torno a la Gran Pirámide es una fuente vital de ingresos para Egipto. La venta de boletos de entrada, souvenires, servicios de guías y otras actividades relacionadas contribuyen significativamente a la economía local y nacional. La pirámide se ha convertido en un activo económico invaluable para el país.

2.Empleo y Oportunidades Comerciales:

El flujo turístico ha generado empleo en diversas industrias, desde el sector hotelero y la restauración hasta el comercio de souvenires y la guía turística. Los residentes locales han encontrado oportunidades comerciales al proporcionar servicios y productos a los visitantes, creando un tejido económico que se extiende más allá de la propia pirámide.

Desarrollo de la Infraestructura Turística:

1.Hoteles y Servicios:

La creciente afluencia de turistas ha impulsado el desarrollo de la infraestructura turística en la zona circundante. Hoteles, restaurantes, tiendas y otros servicios han surgido para satisfacer las necesidades de los visitantes. Esta expansión contribuye a mejorar la experiencia general del turista y a fomentar la prolongación de las visitas.

2.Condiciones de Acceso:

Los esfuerzos para mejorar las condiciones de acceso a la pirámide, así como la seguridad y comodidad de los visitantes, son una prioridad. El gobierno egipcio ha implementado medidas para facilitar la llegada de turistas y garantizar que la visita a la Gran Pirámide sea una experiencia memorable y segura.

Desafíos de Gestión Turística:

1.Preservación del Sitio:

El aumento del turismo también plantea desafíos en términos de preservación del sitio. La gestión cuidadosa de la Gran Pirámide para evitar la degradación y el desgaste debido a la exposición constante es esencial. Se implementan medidas para equilibrar la accesibilidad turística con la conservación a largo plazo.

2.Impacto Ambiental y Cultural:

El turismo masivo puede tener impactos negativos en el entorno ambiental y cultural. La gestión sostenible busca minimizar estos efectos, promoviendo prácticas responsables y conciencia ambiental entre los visitantes.

Significado Cultural para la Sociedad Egipcia:

1.Conexión con la Historia y la Identidad Nacional:

La Gran Pirámide de Guiza no solo es una atracción turística; también es un símbolo intrínseco de la historia y la identidad nacional egipcia. Para los egipcios, la pirámide representa la grandeza de sus antepasados, un recordatorio tangible de una civilización que dejó una marca indeleble en la historia del mundo.

2.Orgullo y Patriotismo:

La pirámide despierta un profundo sentido de orgullo y patriotismo entre los egipcios. Su presencia en la bandera nacional y su papel central en la narrativa histórica del país la han arraigado profundamente en la conciencia colectiva, generando un fuerte vínculo emocional con la población local.

Educación y Conciencia Histórica:

1.Rol Educativo:

La Gran Pirámide se ha convertido en una herramienta educativa valiosa. Las visitas escolares y programas educativos permiten a los estudiantes aprender sobre su patrimonio cultural de primera mano, fomentando un entendimiento más profundo de la historia egipcia.

2.Conciencia Histórica:

El turismo en torno a la pirámide contribuye a la conciencia histórica y arqueológica tanto a nivel nacional como internacional. Los visitantes, al experimentar la majestuosidad de la pirámide, se sumergen en la riqueza de la antigua civilización egipcia, fortaleciendo los lazos entre las generaciones presentes y pasadas.

Proyección Internacional:

1.Imagen de Egipto en el Mundo:

La Gran Pirámide proyecta la imagen de Egipto en la escena internacional. Es un símbolo reconocido globalmente que refleja la rica herencia cultural del país. Su presencia en la lista de Patrimonio Mundial de la UNESCO refuerza la importancia de Egipto en la historia de la humanidad.

2.Diplomacia Cultural:

El turismo en torno a la pirámide se convierte

en una forma de diplomacia cultural. La experiencia compartida entre visitantes de diversas nacionalidades crea puentes culturales y fomenta la comprensión mutua, contribuyendo a la diplomacia y relaciones internacionales de Egipto.

Futuro del Turismo en torno a la Gran Pirámide:

1.Sostenibilidad y Gestión Responsable:

El futuro del turismo en torno a la Gran Pirámide requiere un enfoque sostenible y una gestión responsable. La implementación de prácticas turísticas sostenibles garantizará que las generaciones futuras continúen disfrutando de este legado histórico sin comprometer su integridad.

2.Innovación y Experiencias Mejoradas:

Se espera que la innovación en la presentación de experiencias turísticas mejore la visita a la Gran Pirámide. El uso de tecnologías avanzadas, como la realidad aumentada, puede ofrecer a los visitantes una comprensión más profunda y envolvente de la historia de la pirámide.

El turismo en torno a la Gran Pirámide de Guiza no solo es un fenómeno cultural que conecta a las personas con la historia antigua, sino también un motor económico vital para Egipto. La gestión cuidadosa de este flujo turístico es esencial para preservar la integridad del sitio y maximizar sus beneficios a largo plazo. Además, la pirámide sigue siendo un símbolo poderoso que une a la sociedad egipcia, generando un profundo sentido de orgullo y pertenencia a una herencia cultural inigualable. A medida que miramos hacia el futuro, es crucial encontrar un equilibrio entre la preservación de este tesoro histórico y la promoción de experiencias turísticas enriquecedoras para las generaciones venideras. La Gran Pirámide de Guiza, con su perdurable presencia en el horizonte egipcio, continúa siendo un faro que guía a los viajeros a través de las épocas y las culturas.

LA GRAN PIRÁMIDE DE GUIZA: UN MONUMENTO LEGENDARIO QUE TRASCIENDE EL TIEMPO Y EL ESPACIO

La Gran Pirámide de Guiza, una obra maestra arquitectónica construida hace más de 4,500 años en las llanuras de Egipto, se erige como un faro inmutable que ha dejado una huella indeleble en la historia de la humanidad. Su importancia trasciende las dimensiones físicas de sus imponentes bloques de piedra, alcanzando esferas que abarcan lo cultural, lo científico, lo espiritual y lo artístico. A medida que exploramos los diversos aspectos que conforman la esencia de este monumento legendario, nos adentramos en un viaje a través del tiempo y el espacio, donde la Gran Pirámide se revela como un testamento perdurable a la capacidad humana para soñar, crear y asombrarse.

La Maravilla Arquitectónica:

Precisión Geométrica y Técnica Innovadora:

La Gran Pirámide destaca por su precisión geométrica, una hazaña impresionante considerando las herramientas limitadas y los métodos de construcción de la época. La disposición simétrica de sus lados y su alineación precisa con los puntos cardinales han desconcertado a arqueólogos y científicos, impulsando la admiración por la maestría técnica de los constructores.

Innovaciones en Ingeniería:

La utilización de técnicas avanzadas para mover y colocar bloques de piedra masivos ha sido objeto de especulación y estudio. Las rampas, los sistemas de poleas y la organización de la mano de obra reflejan un nivel de ingeniería que desafía las expectativas de la antigüedad.

Misterios y Enigmas:

Alineación Astronómica y Conexiones Cosmológicas:

La Gran Pirámide no es simplemente una estructura monumental; es un testamento a la conexión del antiguo Egipto con el cosmos. Su alineación precisa con ciertos eventos astronómicos y su relación con la constelación de Orión han dado lugar a teorías que sugieren un profundo conocimiento cosmológico entre los constructores.

Cámaras y Pasajes Ocultos:

Los pasajes internos y las cámaras secretas dentro de la pirámide han desconcertado a los investigadores durante siglos. Desde la Gran Galería hasta la Cámara del Rey, estos espacios evocan un sentido de misterio y propósito que sigue siendo objeto de especulación y exploración.

Arquitectura como Herramienta Cultural:

Monumento Funerario y Religioso:

La Gran Pirámide se erige como un monumento funerario destinado a honrar al faraón Khufu, pero su significado va más allá de la simple morada para los muertos. Representa la creencia en la vida después de la muerte y la conexión entre el faraón y los dioses.

Influencia en la Arquitectura Religiosa:

La disposición axial y simétrica de la pirámide ha influido en la arquitectura de templos y basílicas a lo largo de la historia. La concepción de espacios sagrados refleja la búsqueda de grandeza y orden inspirada por la Gran Pirámide.

Impacto en la Arquitectura Urbana:

Planificación y Diseño de Ciudades:

La disposición ordenada y simétrica de la pirámide ha influido en conceptos de planificación urbana. La creación de espacios públicos y monumentos en armonía con el entorno circundante refleja una apreciación por los principios observados en la arquitectura de la antigua Guiza.

Monumentos y Plazas Públicas:

La creación de monumentos y plazas públicas ha adoptado elementos estilísticos inspirados en la antigüedad egipcia. La disposición axial, las columnas y los obeliscos son características que han perdurado en la arquitectura de espacios públicos.

Legado en la Arquitectura Moderna:

Inspiración en Diseños Contemporáneos:

La forma, la simetría y la búsqueda de monumentalidad de la Gran Pirámide han inspirado diseños arquitectónicos modernos. Desde la pirámide de vidrio del Louvre hasta rascacielos contemporáneos, su influencia es evidente en estructuras de todo el mundo.

Exploración de la Relación Ciencia-Arquitectura:

La Gran Pirámide sigue siendo un símbolo que estimula la exploración de la relación entre la arquitectura y la ciencia. Desde la antigüedad hasta la actualidad, la conexión entre la forma y la función sigue siendo un tema central en la arquitectura.

Conexión con la Espiritualidad:

Simbolismo de la Pirámide:

La forma piramidal ha sido interpretada como un símbolo de conexión entre lo terrenal y lo divino. La Gran Pirámide, en su imponente presencia, evoca un sentido de trascendencia espiritual que ha influido en interpretaciones simbólicas en diversas culturas.

Herencia Cultural Duradera:

La Gran Pirámide se mantiene como un testimonio perdurable de la rica herencia cultural del antiguo Egipto. Su impacto va más allá de la arquitectura; es una expresión tangible de la creatividad, la sabiduría y la espiritualidad de una civilización antigua.

Un Faro en la Historia:

Desafiando el Paso del Tiempo:

A pesar de los milenios transcurridos desde su construcción, la Gran Pirámide desafía el paso del tiempo. Su resistencia y perdurabilidad destacan la maestría de sus constructores y la capacidad de la arquitectura para resistir la prueba del tiempo.

Fuente de Asombro Continuo:

La Gran Pirámide continúa asombrando a la humanidad, generando preguntas sin respuesta y alimentando la curiosidad de generación en generación. Su capacidad para seguir siendo un enigma despierta la imaginación y promueve la búsqueda continua de conocimiento.

Un Monumento a la Creatividad Humana:

La Gran Pirámide de Guiza se erige como un monumento a la creatividad humana, un logro que va más allá de la simple construcción física. Es un símbolo de la capacidad de la humanidad para imaginar, crear y dejar un legado perdurable. A través de sus dimensiones colosales, sus misterios sin resolver y su influencia continua en la arquitectura y la cultura, la Gran Pirámide trasciende su función original como tumba real para convertirse en un faro eterno que ilumina la historia de la civilización humana. En cada piedra colocada con precisión, en cada pasadizo misterioso y en cada sombra proyectada por el sol poniente, la Gran Pirámide de Guiza nos recuerda que, incluso en la vastedad del tiempo, la creatividad y la búsqueda de significado son fuerzas que perduran y conectan a la humanidad a través de las eras.

www.ingramcontent.com/pod-product-compliance
Lightning Source LLC
Chambersburg PA
CBHW070821280726

48660CB00017B/2331